D1672704

Andere Exleybücher finden Sie auch im Internet unter
www.exley.de

Veröffentlichung in Deutschland im Jahre 2003
durch die Exley Handels-GmbH,
Kreuzherrenstr. 1, D-52379 Langerwehe-Merode

Copyright © Helen Exley 2002
Die moralischen Rechte des Autors sind geltend gemacht.

Textauswahl von Helen Exley
Illustriert von Angela Kerr
Deutsche Übertragung von Hella Hinzmann

ISBN 3-89713-305-9

Gedruckt in China

Danksagungen: Die Veröffentlicher sind für die Erlaubnis dankbar,
Copyright-Materialien reproduzieren zu dürfen. Obwohl alle
Bemühungen unternommen wurden, weitere Copyright-Besitzer zu
finden, würde sich der Veröffentlicher freuen, von jenen zu hören, die
hier nicht aufgeführt sind.
TED LODER: aus: *"The narrow way of trust"* in *Wrestling the light*
von Ted Loder. © 1991 Innisfree Press. JOHN MASEFIELD:
"An Epilogue". Nachdruck mit Genehmigung von The Society of
Authors as the Lterary Representative of the Estate of John Masefield.
PAM BROWN: mit Genehmigung © 2002.

Die Kraft der Wahrheit

EIN HELEN EXLEY GESCHENKBUCH

Ξ EXLEY

*Im Kampf der Lüge
gegen die Wahrheit
gewinnt die Lüge
die erste Schlacht,
die Wahrheit aber die letzte.*

MUJIBUR RAHMAN

*Wenn Schurken die Vorteile von
Tugendhaftigkeit kennen würden,
würden sie ehrlich werden.*

BENJAMIN FRANKLIN

Neunundneunzig Lügen können Dir helfen, aber die hundertste wird Dich verraten.

HAUSA

Die Wahrheit besiegt alles ...

LATEINISCHES SPRICHWORT

Begehe keine schändliche Täuschung; denke rein und gerecht und wenn Du redest, rede entsprechend.

BENJAMIN FRANKLIN

*Du solltest immer
Dein Wort halten.
All die Rückschläge im
Leben kommen nur,
weil Du Dein Wort
nicht hältst ...*

SIVANANDA

*Wahrheit und Liebe
sind zwei der mächtigsten
Dinge in der Welt;
wenn sie beide zusammen
gehen, ist ihnen nur
schwer zu widerstehen ...*

RALPH CUDWORTH

*Viele bloße Bemühungen
werden zur Vermeidung der
Wahrheit unternommen;
aber wenn man die Wahrheit
läßt, kommt sie wie die Flut.*

FAY WELDON, AUS:
"THE RULES OF LIFE"

*Es gibt nichts so mächtig
wie die Wahrheit ...*

DANIEL WEBSTER

Wenn Du vor hast,
zu sprechen, frage Dich
immer: ist es wahr,
ist es nötig,
ist es freundlich? ...

GAUTAMA BUDDHA
(563–483 V. CHR.)

DIR SELBST TREU SEIN

Welche Spielchen auch mit uns gespielt werden, so dürfen wir nicht mit uns selbst spielen, sondern müssen für uns selbst mit der letzten Ehrlichkeit und Wahrheit handeln.

RALPH WALDO EMERSON
(1803-1882)

Dies vor allem: zu Deinem eigenen "Selbst" sei aufrichtig.

WILLIAM SKAKESPEARE

Alles ist ein geschlossener Kreis. Jeder von uns ist für sein eigenes Handeln verantwortlich. Es wird auf ihn zurück fallen.

BETTY LAVERDURE

Wenn Du jemanden verrätst, verrätst Du auch Dich selbst.

ISAAC BASHEVIS SINGER

Ich stehe nicht dafür ein zu gewinnen, aber ich stehe dafür ein, ehrlich zu sein. Ich stehe nicht dafür ein, Erfolg zu haben, aber ich stehe dafür ein, zu erreichen, was ich erreichen kann. Ich muß zu jedem stehen, der Recht hat: zu ihm stehen, wenn er Recht hat und mich von ihm trennen, wenn er den falschen Weg einschlägt.

ABRAHAM LINCOLN
(1809-1865)

Befähige mich ... die Ehrlichkeit zu beherrschen, anstatt mich der Macht zu beugen oder sie mir zu erschleichen; jemanden für Gerechtigkeit zu beeinflussen, anstatt ihn zum eigenen Vorteil zu beeindrucken.

TED LODER

*Unsere Väter haben uns viele
Regeln gegeben, die sie von
ihren Vätern überliefert
bekamen. Diese Regeln
waren gut. Sie lehrten uns,
alle Menschen so zu behandeln,
wie sie uns behandelten; nie
als erste einen Vertrag zu
brechen; sie lehrten uns,
dass es eine Schande ist
zu lügen; dass wir nur
die Wahrheit sprechen sollen ...*

CHIEF JOSEPH (1830-1904)

UNAUFRICHTIGKEIT

Keiner kann für eine längere Zeit ein Gesicht für sich selbst und ein anderes für die Allgemeinheit tragen, ohne letztendlich verwirrt darüber zu sein, welches das wahre ist.

NATHANIEL HAWTHORNE, AUS:
"THE SCARLET LETTER"

Das Anstrengendste im Leben ist es, unaufrichtig zu sein.

ANNE MORROW LINDBERGH
(1906-2001)

*... Deine Gesundheit muß
irgendwie Schaden nehmen,
wenn Du Tag für Tag das
Gegenteil von dem sagst,
was Du fühlst, wenn Du vor
dem zu Kreuze kriechst,
was Du nicht magst und
Dich über das freust,
was Dir nichts als
Unglück bringt.*

BORIS PASTERNAK

Die Wahrheit wankt nicht und versagt nicht, es ist unser Vertrauen, das versagt.

MARY BAKER EDDY

Es gibt kein Verhandeln mit der Wahrheit ...

FERDINAND LASSALLE

Die Wahrheit wird immer triumphieren; bezweifle dies nicht im Geringsten ...

SATHYA SAI BABA

Güte ist die einzige Investition, die niemals fehlschlägt.

HENRY DAVID THOREAU (1817-1862)

Wahrheit, Leben und Liebe sind grausam, wo immer sie gedacht, gefühlt, gesprochen oder geschrieben ...
Denn sie sind die Sieger.

MARY BAKER EDDY

VERTRAUEN

*Ich habe Blumen an
steinigen Orten wachsen,
Männer mit häßlichen
Gesichtern freundliche
Dinge tun und das
schlechteste Pferd im
Rennen den Gold-Cup
gewinnen sehen.
Deshalb habe
ich Vertrauen.*

JOHN MANSFIELD

*Ein guter Mensch zu sein,
heißt, der Welt gegenüber
offen zu sein, die Fähigkeit
zu besitzen, auch ungewissen
Dingen außerhalb unserer
Kontrolle zu vertrauen.*

MARTHA NUSSBAUM

EIN MENSCH, DEM WIR GANZ VERTRAUEN KÖNNEN

Es ist ein Segen für jeden Mann oder jede Frau, einen Freund zu haben; eine menschliche Seele, der wir ganz und gar vertrauen können; der das Beste und das Schlimmste von uns weiß und der uns trotz all unserer Fehler liebt; der uns die ganze

*Wahrheit sagt, während die
Welt uns im Angesicht
schmeichelt und hinter
unserem Rücken
über uns lacht.*

CHARLES KINGSLEY
(1819-1875)

Es ist besser,
etwas Böses
zu erleiden, als es zu tun
und glücklicher,
manchmal betrogen
zu werden,
als nicht zu vertrauen.

SAMUEL JOHNSON, AUS:
"THE RAMBLER"

Es ist besser,
von seinen Freunden
betrogen zu werden,
als sie zu betrügen.

JOHANN WOLFGANG VON GOETHE
(1749-1832)

DAS VERTRAUEN DERER, DIE WIR LIEBEN

Wie verzweifelt versuchen wir doch, unser Vertrauen in die, die wir lieben, zu behalten! Wir versuchen immer, Gründe für unser Vertrauen zu finden. Denn das Vertrauen verlieren ist schlimmer, als nicht mehr geliebt zu werden.

SONIA JOHNSON

Dieser stille, gegenseitige Blickaustausch zwischen einem vertrauensvollen Ehemann und seiner Frau ist wie der erste Augenblick der Ruhe oder Zuflucht vor einer großen Last oder großer Gefahr.

GEORGE ELIOT (MARY ANN EVANS)
(1819-1880)

Sie ist die Sorte Großmutter, die es niemandem weitererzählt, wenn Du ihr ein Geheimnis anvertraust.

JULIA THOMSON, 11 JAHRE

*Es braucht nicht
vieler Worte, um
die Wahrheit zu sagen.*

CHIEF JOSEPH
(1830-1904)

*Die Sprache
der Wahrheit
ist einfach ...*

MARCELLINUS AMMIANUS

*Die Wahrheit
zeigt sich selbst
immer in größter
Einfachheit ...*

PIERRE SCHMIDT

VERSUCHE EHRLICH ZU BLEIBEN

Meine Seele hält sich natürlich instinktiv von der Lüge fern und haßt selbst den Gedanken daran. Ich fühle innere Scham und starke Gewissensbisse, wenn mir eine Unwahrheit entweicht - manchmal kommt es vor, wenn eine unerwartete Situation da ist, in die ich unvermittelt hineingerate.

MICHEL DE MONTAIGNE
(1533-1592)
AUS: "ESSAYS"

Lügen sind so leicht;
Wahrheit so schwer ...

GEORGE ELIOT
(MARY ANN EVANS)
(1819-1880)

Die Stimme des Gewissens
ist so zart, dass es
leicht ist, sie zu ersticken;
aber sie ist auch so
deutlich, dass es unmöglich
ist, sie mißzuverstehen.

MADAME DE STAËL

Die Wahrheit

erleuchtet

das Gesicht dessen,

der sie ausspricht

und offen eingesteht ...

ROBERT SOUTH

*Redlichkeit klingt
wie feines Glas.
Echt, klar und ermutigend.*

PAM BROWN, GEB. 1928

Gib niemals

jemanden auf.

HUBERT H. HUMPHREY

*Vertraue lieber allen
und werde getäuscht,
weine lieber über das
Vertrauen und den Betrug,
als dass Du ein Herz
anzweifelst, dem Du geglaubt
hast und das Dein Leben mit
wahrem Vertrauen
gesegnet hat.*

FRANCES ANNE KEMBLE
AUS: "FAITH"

NICHT JEDER KANN DER GANZEN WAHRHEIT DIE GANZE ZEIT INS AUGE SEHEN

Bedenke, dass 99,44 Prozent der Wahrheit etwa eine solche Dosis ist, die jedermann bewältigen kann. Die anderen 0,56 Prozent sind tödlich. Widerstehe der Versuchung, den tödlichen Teil der Botschaft zu entdecken.

NICHOLAS V. IUPA, AUS:
"MANAGEMENT BY GUILT"

Wahrheitsliebe geht so oft
einher mit Rücksichtslosigkeit.

DODIE SMITH

Es ist schrecklich, das Bild,
das jemand von sich hat, im
Interesse der Wahrheit oder
anderer Gründe zu zerstören.

DORIS LESSING

**"MAN SOLL NICHT AUSSPRECHEN,
WAS ZWAR WAHR IST ..."**

*Man soll aussprechen, was
wahr ist; man soll aussprechen,
was wohlklingend ist; man soll
nicht aussprechen, was zwar
wahr, aber nicht wohlklingend
ist oder was wohlklingend,
aber falsch ist; das ist eine
uralte Regel ...*

MANU

*Nimm dem ganz normalen
Menschen seine Lebenslüge
weg, und Du nimmst ihm auf
der Stelle sein Glück.*

HENRY IBSEN, AUS:
"THE WILD DUCK"

*Es gibt einige Nacktheiten,
die sind so anstößig wie die
nackte Wahrheit.*

AGNES REPPLIER,
AUS "COMPROMISES"

KORRUPTION

Weißt Du, dass die Ranken

der Bestechlichkeit und

Korruption mächtige,

verflochtene Wurzeln haben,

so dass sogar Männer,

die ehrenhaft sein wollen,

von ihnen gefangen und

zu Fall gebracht werden.

AGNES SLIGH TURNBULL, AUS:
"THE GOLDEN JOURNEY"

Wenn Vorteil vor Ehrlichkeit gesetzt wird, zerfällt die Gesellschaft.

PAM BROWN, GEB. 1928

Korruption ist wie ein Schneeball; sobald Du ihn rollst, muß er größer werden.

C. C. COLTON (1780-1832)

DAS GIFT DER
HALBWAHRHEITEN

*Die Lüge ist nur dann so
erfolgreich, wenn sie ihren
Haken mit ein bißchen
Wahrheit ködert, und keine
Meinung führt uns so irre
wie die, die nicht ganz
falsch ist.*

C. C. COLTON (1780-1832)

Dies ist eine Welt der Verkürzungen, der ausweichenden Antworten, der "runden" Ecken. Redlichkeit muß sich an Zipfeln festhalten, um zu überleben.

PAM BROWN, GEB. 1928

Das, worunter die Welt gerade jetzt mehr als unter jedem anderen Übel leidet, ist nicht die Verteidigung der Lüge, sondern die endlose und verantwortungslose Wiederholung von Halbwahrheiten.

G. K. CHESTERTON (1874-1936)

WAHRHEIT VERÄNDERT SICH NICHT

Wenn eine Regierung ihre Aufrichtigkeit verliert, sind das gefährliche Zeiten. Wenn das Volk diesen Verlust akzeptiert, sind es hoffnungslose Zeiten.

PAM BROWN, GEB. 1928

Wahrheit verändert

sich nicht dadurch,

dass sie von einer

Mehrheit der

Menschen geglaubt

oder nicht geglaubt wird.

GIORDANO BRUNO

*Mein Ruf, mein Ruf,
mein Ruf! Oh, ich habe
meinen Ruf verloren!
Den unsterblichen Teil
meiner selbst, und was
übrig bleibt,
ist bestialisch.*

WILLIAM SHAKESPEARE
(1564-1616)
AUS: "OTHELLO"

Das Ansehen selbst, das man wegen seines guten Urteilsvermögens, seines fairen Umgangs, seiner Aufrichtigkeit und Geradlinigkeit hat, ist ein Glück.

HENRY WARD BEECHER (1813-1887)
AUS: "PROVERBS FROM PLYMOUTH
PULPIT", 1887

Redlichkeit wird in einer Gesellschaft, in der man die größte Tugend nie herausgefunden hat, nicht honoriert.

PAM BROWN, GEB. 1928

... AUS DEM HERZEN

Geistige Stärke wird in unserem Leben durch unsere Bereitschaft bewiesen, uns selbst die Wahrheit zu sagen, der Wahrheit zuzuhören, wenn sie uns gesagt wird und die Wahrheit so liebevoll wie möglich zu verbreiten, wenn wir fühlen, aus dem Herzen sprechen zu müssen.

CHRISTINA BALDWIN, AUS:
"LIFE'S COMPANION... " (1990)

... ihn lehren, sein Bestes
zu tun, um die Wahrheit zu
vermeiden, sogar Druck
ausüben, wenn nötig, bis zum
Äußersten, damit er
freundlich und mitleidsvoll
ist, das ist dem Herzen der
Wahrheit viel näher, als
etwas akurat und mitleidslos
wiederholen, das
unbarmherzig die Gefühle
des anderen verletzt.

EMILY POST (1873-1960)
AUS: "CHILDREN ARE PEOPLE"

Ich fürchte nicht das

Gefängnis, das Schafott

und das Schwert.

Ich will die

Wahrheit sagen,

wo immer ich es will.

MOTHER JONES

Es ist schwer, in Zeiten von Terror aufrecht zu bleiben, und doch haben viele durchgehalten.

PAM BROWN, GEB. 1928

Wenn die moralischen Normen, aus welchem Grund auch immer, in einem Bereich der Gesellschaft, wie zum Beispiel in der Politik, deutlich und beispiellos gebrochen werden, wird die Folge davon sein, die wie die Nacht auf den Tag folgt, dass jene Regeln anfangen zusammenzubrechen, und zwar auf der ganzen Linie - im Sport, im Unterhaltungsbereich, in der Bildung, in den Streitkräften, in der Wirtschaft und in der Regierung.

MARGARET HALSEY

Die Zivilisation selbst beruht auf der Aufrichtigkeit des Geistes, des Herzens und des Handelns.

PAM BROWN, GEB. 1928

HEUCHELEI!

Heuchelei,
das einzige Übel,
dass unsichtbar umgeht.

JOHN MILTON
(1608-1674)

Besser als Schurke oder Landstreicher, als Liebhaber jeder Art oder als Scherzbold leben und mit Saufkumpanen rumhängen, als sich unter einem Deckmantel der Heuchelei verstecken.

MAHSATI
(12. JAHRHUNDERT)

Die große Lüge der Stille

Die grausamsten Lügen werden oft in der Stille verbreitet.

ROBERT LOUIS STEVENSON
(1850-1894)

Eine Lüge kann um den halben Erdball reisen, während die Wahrheit sich gerade noch die Schuhe anzieht.

MARK TWAIN
(1835-1910)

*Wahrheit wird nicht nur
durch Lügen verletzt;
sie kann auch durch
Stillschweigen mit Füßen
getreten werden.*

HENRI FRÉDÉRIC AMIEL

*Zweifel sind grausamer
als die schlimmsten
Wahrheiten.*

MOLIÉRE,
AUS: "LE MISANTHROPE"

Welche Einsamkeit

ist einsamer

als Mißtrauen?

GEORGE ELIOT
(MARY ANN EVANS)
(1819-1880)
AUS: "MIDDLEMARCH"

LÜGEN, LÜGEN, GRAUSAME LÜGEN

*Eine Lüge erzählen
ist wie ein Säbelhieb;
und obwohl die Wunde
heilen mag,
bleibt doch die
Narbe davon ...*

SAADI

Lüge ist eine Zuflucht,

ein Asyl für grausame,

gewalttätige,

richtige Tiere.

ABRAHAM J. HESCHEL

*Wahrheit ist der einzige
sichere Grund, auf dem
man stehen kann.*

ELIZABETH CADY STANTON
AUS: "THE WOMAN'S BIBLE"

*Wahrheit ist unumstößlich.
Panik mag sie übelnehmen;
Unwissenheit mag sie
verhöhnen; Bosheit mag
sie verdrehen;
aber sie ist da ...*

WINSTON CHURCHILL
(1874-1965)

*Wahrheit verbrennt
den Irrtum gänzlich.*

FREMDE WAHRHEIT

Die einzige wirkliche Genugtuung ist, dass wir die ganze Zeit innerlich wachsen: gerechter werden, wahrhaftiger, großzügiger, einfacher, männlicher, weiblicher, freundlicher, aktiver. Und das werden wir, indem wir jeden Tag unsere tägliche Arbeit tun, so gut wir können.

JAMES FREEMAN CLARKE
(1810-1888)

ICH BIN AUFRICHTIG

*Ich bin aufrichtig,
denn da sind jene,
die mich lieben.
Ich bin aufrichtig, denn
da sind jene, die sich
um mich sorgen ...*

AUTOR UNBEKANNT

Ich habe ein gutes Herz,

und ich möchte, dass

kein Fehler dabei passiert,

mit einem guten Herzen

zu leben und die Wahrheit

zu sagen.

CAPTAIN JACK

SEI EINFACH, WIE DU BIST

*Sei einfach, wie Du bist
und sprich aus Deinem
innersten Herzen - das ist
alles, was ein Mensch hat.*

HUBERT H. HUMPHREY

Gefährde

Dich nicht,

Du bist das einzige,

was Du hast.

JANIS JOPLIN
(1943-1970)

*Wahrheit ist wie Zuckerrohr:
selbst wenn Du es lange
kaust, ist es immer
noch süß.*

MALAGASSISCHES SPRICHWORT

Die Ideale, die meinen Weg erleuchten und mir immer wieder neuen Mut gegeben haben, dem Leben heiter entgegen zu blicken, sind Freundlichkeit, Schönheit und Wahrheit ...

ALBERT EINSTEIN
(1879-1955)

"Schönheit ist Wahrheit, Wahrheit ist Schönheit - das ist alles, was Du auf Erden weißt und wissen mußt."

JOHN KEATS (1795-1820)